PETIT

PAMPHLET POLITIQUE

A PROPOS

Des Décrets du 22 janvier 1852

PAR

A. DE TOULGOET.

PARIS

CHEZ TOUS LES LIBRAIRES.

—

1852

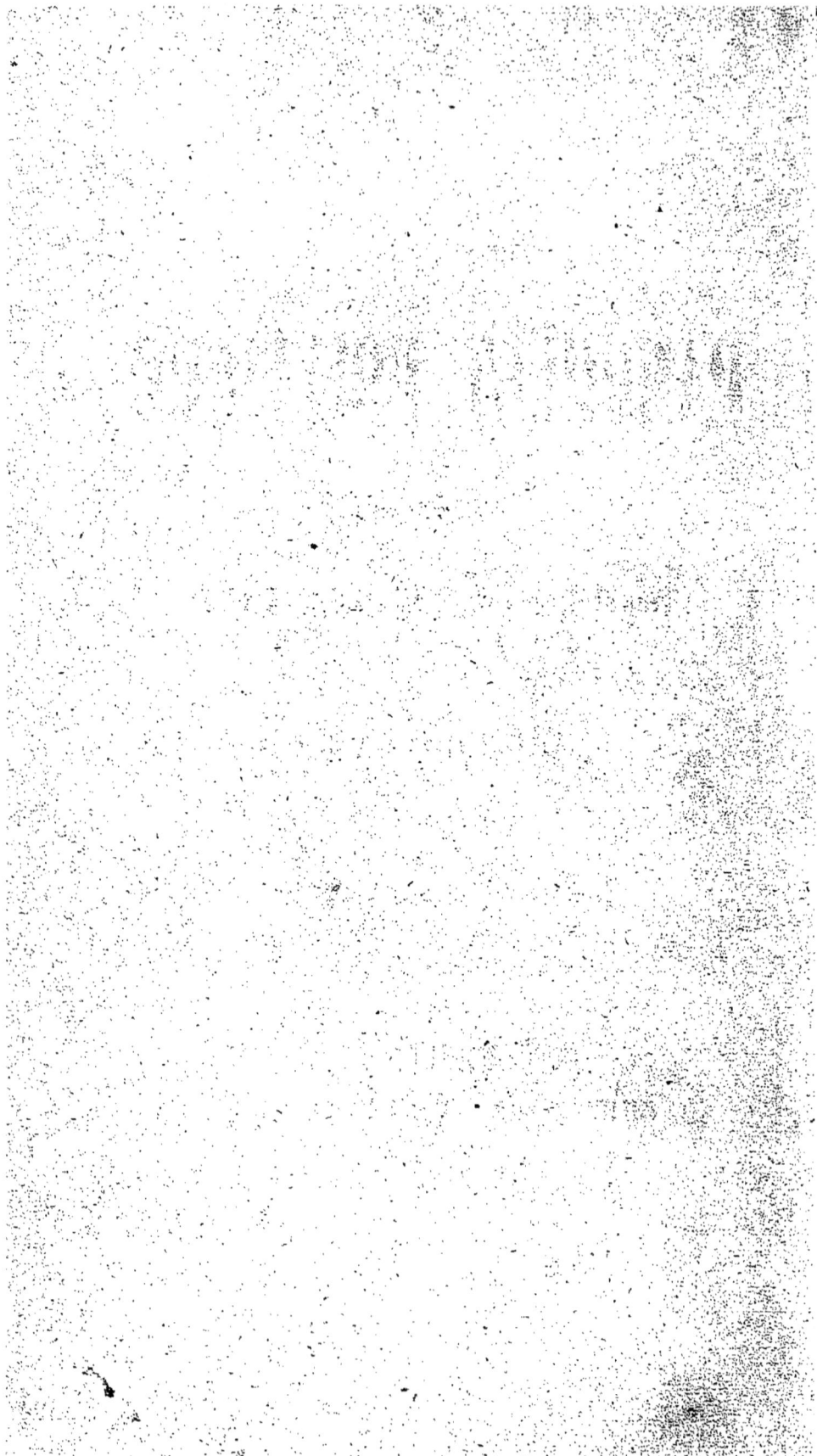

PETIT

PAMPHLET POLITIQUE

A PROPOS

Des Décrets du 22 janvier 1852

PAR

A. DE TOULGOET.

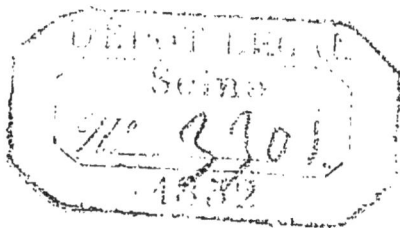

PARIS

CHEZ TOUS LES LIBRAIRES.

—

1852

PETIT

PAMPHLET POLITIQUE

A PROPOS

Des Décrets du 22 janvier 1852.

———————

I.

« Attendu que les membres de la famille d'Orléans
» procèdent, comme propriétaires des domaines de
» Neuilly et de Monceaux, soit en vertu de la donation
» du 7 août 1850, soit en qualité d'héritiers de leur père
» et pour partie de la princesse Adélaïde leur tante,
» soit en vertu d'une jouissance prolongée pendant
» plus de vingt ans, et pouvant fonder la prescription ;
» Attendu que leur action a pour objet la propriété
» de ces deux domaines ;

» Attendu que les tribunaux ordinaires sont exclusi-
» vement compétents pour statuer sur les questions de
» propriété, de validité de contrat, de prescription ;

» Que ce principe a toujours été appliqué aussi bien
» à l'égard de l'État qu'à l'égard des particuliers ;

» Qu'ainsi au tribunal seul il appartient d'apprécier
» les titres des parties et d'appliquer la loi aux faits
» qui donnent lieu au procès ;

» Se déclare compétent ; retient la cause, et, pour être
» statué au fond, continue à quinzaine, et condamne
» le préfet de la Seine aux dépens de l'incident. »

(Tribunal de première instance de la Seine,
séance du 23 avril 1852.)

Cette déclaration est sans précédent. Elle confond,
avec les règles communes applicables aux litiges tou-
chant le droit commun de propriété, les règles excep-
tionnelles applicables au droit exceptionnel de propriété, décrété par le pouvoir législatif constituant,
soit en faveur des dynasties, soit en faveur de la nation
qu'elles ont gouvernée. Elle tend à élever le pouvoir
judiciaire au niveau du pouvoir politique, à lui pres-
crire de s'arroger le droit d'interpréter les constitutions
politiques, et de décréter que telle loi politique est
nulle ou en vigueur, parce qu'elle viole ou respecte les
principes constituants du gouvernement.

Nous ne voulons pas, nous ne pouvons pas discuter cette déclaration de compétence exorbitante. Nous ne voulons pas suivre le dangereux système des premiers défenseurs des décrets du 22 janvier; ils se sont laissé entraîner dans des labyrinthes, où les roués du barreau et de la tribune ont essayé de les égorgiller avec une épingle, dans un mauvais petit coin.

Ce que nous voulons et ce que nous pouvons, c'est briser entre les mains des factions l'arme que la malveillance ne manquera pas de saisir, dans la déclaration même du tribunal de première instance de la Seine.

Ce que nous voulons, c'est replacer la question à la hauteur qu'elle occupe dans la politique et qu'elle occupera dans l'histoire.

C'est démontrer que le Président de la République, dépositaire de la souveraineté nationale, pouvoir législatif et exécutif, pouvoir constituant, avait le droit et le devoir de signer les décrets du 22 janvier.

Quelle que puisse être la portée de la déclaration du jugement sur déclinatoire rendu par le tribunal de première instance, quelles que puissent être dans l'avenir les conséquences du conflit élevé devant le conseil d'État ;

Quand bien même tous les tribunaux, toutes les juridictions civiles ou contentieuses décideraient comme le tribunal de première instance de la Seine ;

1.

Rien ne pourra devant la France et devant l'histoire, enlever au décret du 22 janvier son caractère
politique ; rien ne pourra le dépouiller, devant l'histoire et devant la France, de son caractère législatif ;
rien ne pourra faire qu'il ne s'agisse ici que d'un intérêt
de droit commun et de propriété particulière, que
d'un litige entre le domaine et les princes d'Orléans
agissant comme simples citoyens ; rien ne pourra faire
que la question ne soit pas entre la dynastie déchue et
la nation qu'elle a gouvernée, d'après des contrats qui
ont leur légitimité relative dans le droit fondamental
de la royauté constitutionnelle.

Élevons donc la question à la hauteur de l'acte qui
l'a soulevée, sortons des culs-de-basse-fosse de la chi-
cane, et voyons les faits et leur moralité au grand
jour.

II.

Le 7 août 1830, le lieutenant-général du royaume
était-il un personnage politique? Était-il roi de fait?
Allait-il l'être de droit?

Le 22 janvier 1852, les princes d'Orléans étaient-ils
des personnages politiques, activement mêlés, par
leurs partisans, aux événements politiques de notre
nation?

Le 23 avril 1852, à l'heure où le tribunal de la Seine

rendait sa déclaration de compétence, les princes de la maison d'Orléans étaient-ils des personnages politiques? Le comte de Paris était-il un prétendant au trône de France ?

Oui ou non ?

Oui, cela est vrai; cela est incontestable.

Le principe de la dévolution existait-il dans la monarchie féodale, comme loi politique? Plaçait-elle le roi en dehors du droit commun de propriété?

La dévolution, introduite dans le pacte fondamental de la monarchie constitutionnelle par les lois de 1790 et de 1791, retenue dans l'art. 9 de la Constitution de 1791 : —

« Les biens particuliers que le roi possède à son avé-
» nement au trône sont réunis irrévocablement au do-
» maine de la nation : il a la disposition de ceux qu'il
» acquiert à titre singulier; s'il n'en a pas disposé, ils
» sont pareillement réunis à la fin du règne. »
— était-elle une loi politique? Plaçait-elle Louis XVI en dehors du droit commun de propriété?

L'article 20 de la loi du 8 novembre 1814 : —

« Les biens particuliers du prince qui vient au trône
» sont *de plein droit et à l'instant même* réunis au do-
» maine de l'État, et *l'effet de cette réunion est perpé-*
» *tuel et irrévocable.* »

— était-il politique ? Plaçait-il Louis XVIII en dehors du droit commun de propriété?

La donation du 7 août 1830, qui privait l'aîné des enfants du lieutenant-général du royaume de la part que lui assurait la loi civile dans les biens de son père, était-elle une donation politique? plaçait-elle le duc de Chartres en dehors du droit commun de propriété?

La loi de 1832 : —

« Art. 22. Le roi *conservera* la propriété des biens » qui lui appartenaient avant son avénement au trône. » Ces biens et ceux qu'il acquerra à titre gratuit et » onéreux pendant son règne, composeront son do- » maine privé.

» Art. 23. Le roi peut disposer de son domaine privé » soit *par actes entre vifs, soit par testament, sans être* » *assujetti aux règles du Code civil qui limitent la quo-* » *tité disponible.* »

— qui rayait la dévolution du code de la monarchie, entée sur la Charte de 1814, était-elle une loi politique? Affranchissait-elle le roi Louis-Philippe des rè- gles du droit commun de propriété?

Oui ou non?

Oui ! Cela est vrai ; cela est incontestable.

Le pouvoir qui a introduit la dévolution dans le code

de féodalité a-t-il agi comme pouvoir politique, contre le droit commun de propriété

La Constituante de 1791, qui a introduit la dévolution dans le pacte de la royauté constitutionnelle, a-t-elle agi comme pouvoir politique, contre le droit commun de propriété.

Le lieutenant-général du royaume qui a fait la donation du 7 août a-t-il agi, comme personnage politique prétendant au trône, contre le droit commun de propriété ?

Les chambres de 1832, qui rayèrent la dévolution des lois de la royauté amendée, agissaient-elles comme pouvoir politique, contre le droit commun de propriété ?

Oui ou non ?

Oui ! Cela est vrai ; cela est incontestable.

Les mariages contractés par les princes de la maison régnante d'Orléans étaient-ils dans la forme et au fond des actes politiques ?

Les testaments ou donations intervenus dans la maison d'Orléans étaient-ils empreints, quant à la volonté du donateur ou du testateur, d'une pensée politique ?

Oui ou non ?

Oui ! Cela est vrai ; cela est incontestable.

Le 5 juillet 1848, lorsque M. Jules Favre soumit à l'Assemblée constituante une proposition ayant pour but d'appliquer le principe de la dévolution aux biens atteints par la donation du 7 août 1830, l'Assemblée, qui ne réunissait pas le pouvoir judiciaire, s'est-elle déclarée incompétente ?

Non ! Elle a repoussé la proposition : elle a fait un acte politique.

Dans toutes les lois qui ont maintenu ou rayé la dévolution du code de la royauté constitutionnelle ou féodale, le pouvoir législatif a toujours agi, comme pouvoir politique, contre le droit commun de propriété.

Dans tous les actes passés entre les membres de la famille d'Orléans, ou entre ces membres et ceux des autres maisons princières, depuis la dotation du 9 août jusqu'au testament de la princesse Adélaïde ; depuis le mariage de la fille aînée du roi Louis-Philippe avec le roi des Belges, jusqu'à celui du duc de Montpensier avec l'infante d'Espagne, on ne rencontre que des personnages politiques, traitant au point de vue politique de leur intérêt particulier, et confondant cet intérêt particulier dans l'intérêt politique de leur dynastie.

Dès lors, il est impossible qu'un esprit élevé et impartial puisse ne pas reconnaître que les héritiers du roi Louis-Philippe, placés en face des conséquences de la dotation du 9 août 1830, du droit de dévolution et du décret du 22 janvier, sont des personnages politiques

ayant à rendre compte à la nation de la manière dont
la dynastie qu'ils représentent a appliqué les principes
traditionnels du droit de propriété exceptionnellement
décrété pour la royauté constitutionnelle.

On comprend dès lors qu'une telle question ne peut
et ne doit être tranchée que par le pouvoir législatif,
agissant comme pouvoir politique.

Il paraît donc devoir demeurer incontestable pour
tous, que les princes d'Orléans, retranchés, soit derrière
la dotation du 9 août, soit derrière la loi de 1832, constituante, à leur point de vue, du droit de propriété
pour le chef de leur dynastie, représentent, à l'heure
où nous écrivons, cette dynastie devant la nation
française.

On nous dira peut-être que la liquidation entre
l'État et la maison d'Orléans a été close le jour où
l'Assemblée constituante a rejeté la proposition de
M. Jules Favre.

Il est facile de démontrer que la situation politique
de cette Assemblée, en face des princes de la famille
d'Orléans, le 5 juillet 1848, était bien différente de celle
qu'occupait le Président de la République, en face de
la même dynastie, le 22 janvier 1852.

On reconnaîtra qu'il n'a pas été donné au Prince-Président de pouvoir amnistier comme l'Assemblée ; il a
dû se montrer juge, juge impartial, mais sévère.

Voici pourquoi, voici comment.

III.

Après la Révolution de 1848, la famille du roi tombé parut mettre une certaine affectation de patriotisme à s'incliner devant le suffrage universel et la volonté nationale exprimée par lui. Les princes d'Orléans remirent entre les mains du gouvernement provisoire les commandements dont ils étaient revêtus. Les lettres qu'ils écrivirent aux pouvoirs sortis de la Révolution portaient un tel caractère de loyauté politique, que la France en fut reconnaissante. Plus les fautes commises par leur dynastie avaient creusé d'abîmes sous leurs pas, plus leur chute était profonde, plus ils semblaient, dans leurs actes publics, prendre à tâche d'élever leur résignation à la hauteur de leurs devoirs.

Leurs amis politiques affectaient la même tenue, la même résignation, le même patriotisme. Les premiers entre tous, au sein de l'Assemblée constituante, ils confessèrent la légitimité du droit qui les avait frappés. Plus haut que personne, ils proclamèrent la nécessité de fonder, au moyen du suffrage universel, un gouvernement d'ordre, d'autant plus légitime, d'autant plus inébranlable, qu'il assiérait ses larges bases sur le principe de la souveraineté populaire.

Telle était, en 1848, l'attitude des membres de la famille d'Orléans, de l'autre côté des frontières ; semblable était, à l'intérieur et dans le sein de l'Assemblée, l'attitude des amis politiques de leur dynastie.

Elle fut la même jusqu'après l'élection du 10 décembre.

On comprend dès lors l'acte de clémence accompli par l'Assemblée constituante, quand, en écartant la proposition de M. Jules Favre, elle déclara ne vouloir intenter aucune action contre une famille qui, de son côté, renonçait à réagir avec son droit prétendu contre les droits de la nation.

Le règne de Louis-Philippe apparaissait alors comme un accident politique de la révolution, sans tradition dans le passé, sans légitimité dans le présent, sans espérance dans l'avenir.

L'Assemblée constituante s'était trompée. L'ambitieuse finesse des amis politiques de la dynastie d'Orléans avait joué devant elle une comédie de patriotisme que l'histoire qualifiera plus sévèrement que nous.

La conspiration Orléaniste marchait sourdement, sous le drapeau de l'ordre, à la restauration de la royauté *contractuelle*, comme l'ont baptisée ses partisans.

Dans le grand acte populaire du 10 décembre 1848,

2

les chefs de la conspiration n'avaient vu que l'élévation au pouvoir exécutif, d'un prince dont ils espéraient exploiter le nom, la popularité, le caractère, au profit de leurs ambitieux projets.

Dans les élections de 1849, où ils marchaient, fusionnés en apparence, avec les amis du Président de la République et les sujets de la monarchie *légitime*, ils espéraient, sous le manteau de cette alliance mensongère, jeter dans la nouvelle assemblée assez de leurs partisans pour commander aux délibérations ; pour enlever au peuple le suffrage universel, au pouvoir exécutif la disposition de la force publique ; pour établir leur dictature conventionnelle, et restaurer, avec son aide et sur la nation dépouillée de ses droits, le trône de la royauté *contractuelle*.

L'histoire de l'Assemblée législative contiendra à toutes ses pages la chronique de cette conjuration.

Sous le prétexte de l'ordre à rétablir dans la patrie commune, elle avait poussé ses chefs à la présidence de l'assemblée, au commandement des troupes, à la questure, à la tête de toutes les administrations, jusque dans les conseils du pouvoir exécutif qu'on se disposait à trahir.

Elle obtint du gouvernement la présentation de la loi du 31 mai qu'elle avait élaborée et qu'elle se préparait à faire appliquer par ses agents.

Mais ses chefs avaient compté sans l'habileté du Président de la République. Le 4 janvier 1851, Louis-Napoléon les surprend au milieu de leurs manœuvres, brise dans les mains du général Changarnier l'épée de la royauté contractuelle ; et malgré toute l'habileté parlementaire des meneurs de la conjuration, tout en paraissant reculer, gagne, le 18 janvier 1851, sa première bataille sur les royalistes coalisés.

La conspiration n'en fut pas arrêtée ; elle ressouda ses anneaux, reprit sa voie tortueuse, recruta, en sonnant le tocsin de la peur, ses soldats dans le parlement ; et, le 4 novembre, quand le chef du pouvoir exécutif annonçait, dans son message, la ferme intention de rendre au pays l'exercice entier, complet du suffrage universel, la conjuration parlementaire se trouvait en majorité dans l'assemblée.

Alors, elle demanda fièrement, par la célèbre proposition des questeurs, le commandement suprême de l'armée. Elle espérait pouvoir le saisir, isoler le Président de la République, de toute force active, et confisquer, enfin, la seule chose qui lui resterait, sa liberté personnelle.

Au milieu de cette course au pouvoir par la dictature de l'Assemblée, l'anarchie faisait en France de terribles progrès. Les luttes de l'Assemblée et les intrigues des conspirateurs se répercutaient sur la nation ;

toute idée de droit et de justice s'obscurcissait. La patrie, comme le parlement, était devenue une arène où les partis menaçaient de s'entre-choquer, et de faire périr sous le choc les richesses du pays, peut-être même sa nationalité.

Qui pourra dire ce que l'éternel parti de l'étranger a dû fonder d'espérances sur cette déplorable anarchie?..

Comment, sans ces coupables espérances, expliquer le concours ardent et dévoué que les sujets de la royauté de droit divin ont si généreusement prêté aux intrigues de la royauté *contractuelle*?

Qu'on n'essaie pas de soutenir que les princes de la maison d'Orléans restèrent étrangers à ces intrigues; c'est à leur ombre, appuyée sur les mêmes principes de droit électoral, que s'est produite, dans les derniers temps, la candidature présidentielle de M. le prince de Joinville.

Le 17 novembre, la conjuration livra, sur la proposition des questeurs, son dernier combat; elle fut battue, et M. Thiers ne put même pas faire donner sa réserve.

Le 2 décembre, cette assemblée que les partis avaient troublée de tant de haines au profit de tant de convoitises, cette assemblée qui n'était plus qu'un foyer de complots, qui venait de déchirer encore son propre mandat en maintenant le suffrage restreint à la base des pouvoirs publics, disparut aux applaudissements de la France.

Le 20 du même mois, le suffrage universel et direct conférait au Prince Louis-Napoléon le pouvoir constituant, contenant à la fois le pouvoir législatif et exécutif, sans assigner au dictateur le délai dans lequel la constitution serait promulguée, sans préciser la date où les nouveaux corps politiques devaient entrer en fonction.

C'est en vertu des pouvoirs qu'il tenait de l'élection du 20 décembre que le chef de l'Etat, au nom de la souveraineté nationale, a signé les décrets du 22 janvier ; c'est un pouvoir dont les racines plongent dans le mandat incontestable du peuple français que la déclaration de compétence du tribunal de la Seine devrait atteindre et infirmer.

Le Président de la République ne trouvait plus, devant la nation, au nom de laquelle il agissait, dans la souveraineté de sa dictature, une dynastie déchue, acceptant l'arrêt dicté par le peuple français, supportant avec dignité et patriotisme la conséquence des fautes de son chef et des intrigues de ses partisans, se courbant en bon citoyen sous la volonté clairement exprimée de la nation. On n'était plus au 5 juillet 1848. Les princes d'Orléans avaient perdu le droit de se prétendre de simples particuliers.

2.

Ils s'étaient, et par eux-mêmes à l'étranger, et par leurs journaux à l'intérieur, et par leurs partisans dans les Assemblées, ouvertement mis en révolte contre le gouvernement établi dans la nation et par la nation. On avait même traité de leur droit, sans s'accorder peut-être, mais on avait traité de leur droit prétendu avec le droit prétendu de la royauté restaurée, pour agir de concert contre le droit national.

Ils étaient redevenus des prétendants politiques, aspirant au gouvernement de la France. Leurs partisans avaient manœuvré pour ressaisir le gouvernement; ils avaient combattu au risque de faire sombrer le pays sous l'effort de leurs convoitises.

Le 21 décembre, pour Louis-Napoléon, les membres de la famille d'Orléans ne pouvaient être que des conspirateurs vaincus.

Le 22 janvier, la question s'était encore aggravée.

Les sectaires de la dynastie d'Orléans couvraient l'Europe de pamphlets où le caractère de l'élu de la souveraineté nationale était traîné dans la fange de la calomnie. A l'intérieur, ces libelles étaient glissés dans le but de démoraliser le gouvernement.

Il faut l'avouer, aucune insulte ne fut épargnée par les partisans de la royauté contractuelle; et cependant la France avait choisi et acclamé pour chef le Prince qu'on outrageait; dès lors l'outrage qu'on jetait ainsi, chaque jour et à chaque heure, remontait à la nation tout entière, atteignait, ou plutôt essayait d'atteindre l'honneur et la dignité du peuple français.

Ces libelles se fabriquaient derrière les frontières et les lois de l'étranger, comme aux mauvais jours de Coblentz; ils se faufilaient clandestinement dans la patrie, et se commentaient avec perfidie dans les salons des amis de la nouvelle émigration.

On annonçait, sans trop se cacher, une vaste conspiration, que l'or des princes devait servir, en achetant des consciences et des bras pour la trahison.

Des messagers officieux partaient pour trafiquer des prétendus droits de l'une et de l'autre race des rois tombés, avec l'un et l'autre prétendant, pour essayer d'unir dans une même croisade les deux droits vermoulus contre le droit souverain.

Les princes d'Orléans ont-ils trempé dans ces libelles, dans ces calomnies, dans ces conspirations, dans ces voyages officieux ? Nous ne le croyons pas. Mais ils ont eu le tort de ne pas les flétrir.

Il était, dès lors, du devoir imprescriptible du chef de l'Etat de frapper, dans les limites du droit et de la justice, un coup prompt qui clouât la calomnie au front même des calomniateurs.

Il était juste de tenir aux partisans de la royauté contractuelle le langage suivant :

« Avant d'outrager la France et le gouvernement qu'elle s'est donné, avant de dégrader la patrie commune, rendez à la patrie ce que vous lui devez, exécutez le contrat que le droit imposait à la royauté constitutionnelle.

» L'Assemblée constituante a pu vous couvrir de sa clémence; mais depuis, vous avez agité le pays et vous l'agitez encore.

» Chef de l'Etat, je suis personnellement responsable devant la France et devant l'histoire; je vous ordonne donc de rendre à la nation ce que vous lui devez, afin que l'histoire enregistre et que la France sache qu'entre votre politique et celle que je veux suivre, il y a des abîmes; afin que l'histoire et la France ne puissent jamais m'accuser d'avoir laissé payer par l'or de la nation la guerre faite à la souveraineté nationale. »

Voilà le sens politique des décrets du 22 janvier.

Et ne criez pas à l'arbitraire : le pouvoir législatif a décidé, comme un juge sévère, mais impartial; car les biens qu'il saisit sont à la France.

IV.

En effet, d'où vient la monarchie de 1830 ? Où est son droit et sa raison d'être ?

Où sont ses principes constituants ?

Procède-t-elle de la monarchie constitutionnelle de 1791 ?

Est-elle tout simplement le corollaire de la monarchie octroyée de 1814 ?

Nous ne sortons pas un instant du droit politique ; nous ne demandons aucun compte au duc d'Orléans de l'origine des biens compris dans la donation du 7 août : nous les considérons comme sa propriété incommutable tant qu'il reste duc d'Orléans ; mais nous demandons au lieutenant-général du royaume, roi deux jours plus tard, pourquoi il s'en est dessaisi le 7 août. Nous demandons un roi Louis-Philippe et aux chambres de la monarchie où ils ont puisé le droit de rayer la dévolution du code de la royauté.

Et pour cela, d'où venait donc cette monarchie ? Quel était son caractère devant l'histoire et sa constitution devant la France ?

M. Bocher reproche à M. Granier de Cassagnac de n'avoir pas traité cette question, qui lui paraît, comme à nous, un point de départ nécessaire pour établir que la dévolution était ou n'était pas dans les traditions de la royauté de 1830.

Voici comment cette difficulté de droit et d'histoire politiques est tranchée par l'administrateur des biens de la famille d'Orléans.

« Le bon sens politique le plus vulgaire interdit
» toute assimilation entre la royauté fondée en 1830,
» et la royauté ancienne. La royauté du droit ancien
» reposait sur le principe héréditaire absolu. La
» royauté de 1830, fondée à la suite d'une révolution,
» eut pour effet, non de continuer, mais de rompre
» l'ancien droit, et d'établir, par l'avénement du roi
» Louis-Philippe et de sa famille, le pouvoir sur des
» bases entièrement nouvelles. Aussi cette royauté fut-
» elle désignée, en opposition avec la royauté tradi-
» tionnelle, du nom de royauté contractuelle.

» Quand donc, en 1830, la monarchie a changé entiè-
» rement d'origine et de caractère, quand au principe
» immuable de l'hérédité, qui avait fait maintenir en
» 1790 le droit de dévolution, qui l'avait fait revivre en
» 1814, a succédé le principe variable du consentement
» national, ce droit de dévolution a dû nécessaire-
» ment perdre sa raison d'être.

» Ne prenez pas les biens si vous appliquez le droit
» de la nouvelle monarchie; rendez le trône, si vous
» appliquez la loi de dévolution. »

Le bon sens le plus vulgaire nous oblige à ne rien
comprendre à cet acte de naissance posthume de la
royauté *contractuelle*.

Où est le contrat passé entre la nation et la dynastie
d'Orléans ?

Dans quelle ville, à quel jour, devant qui a-t-il été passé ?

Quels étaient les mandataires de la nation ? Quels étaient les mandataires de la future royauté ?

Dans quel article de votre Charte, dans quelle loi de vos chambres, se trouve consigné le mode d'application DU PRINCIPE VARIABLE DU CONSENTEMENT NATIONAL, qui, faisant fléchir, suivant vous, le principe d'hérédité, n'assurait plus à la dynastie la même durée que sous l'empire de la Charte de 1814 ?

· Paris avait chassé Charles X au cri de : *Vive la Charte !* 219 députés, sans autre mandat que celui qu'ils tenaient de cette Charte, acclamèrent Louis-Philippe au cri de : *Vive la Charte !*

LA CHARTE SERA DÉSORMAIS UNE VÉRITÉ !

Voilà toute la Constitution de la monarchie de 1830.

Elle n'a jamais contracté avec qui que ce soit, si ce n'est avec 219 messieurs qui, procédant de la Charte de 1814, pouvaient parfaitement contracter au nom de la Charte de 1814, mais pas le moins du monde au nom de la nation, qui, fort heureusement, ne les en avait jamais chargés.

Jamais non plus le principe d'hérédité n'a été dans la nouvelle monarchie soumis au contrôle ou à l'acceptation de qui que ce soit ; à moins, cependant, qu'un monsieur plus délégué que ses 218 collègues n'ait passé avec le lieutenant-général du royaume un traité secret réglant les droits fondamentaux de la nouvelle royauté.

Si ce traité existe, qu'on le montre ; il fera plaisir à la nation et grand bien à sa majesté Henri V.

La nation n'a pas contracté avec vous.

L'hérédité, dans votre famille, n'a été atteinte, ni par votre charte, ni par vos lois.

Ce que vous êtes et d'où vous procédez, nous allons vous le dire, et l'histoire le dira encore mieux que nous.

Vous êtes la dynastie, mandataire de l'une des trois parties contractantes qui, en 1814, au bout de la rue de Rivoli, dans l'hôtel du prince de Bénévent, dans le salon de l'empereur Alexandre, traitèrent, avec l'invasion, du gouvernement de la France.

Vous procédez de l'invasion tout comme vos aînés. Vous avez eu beau vous déguiser sous les plis du manteau tricolore : vous êtes la dernière alluvion du droit du vainqueur.

Et voici comment :

Il y avait là, dans l'hôtel de M. de Talleyrand, comme dans le corps législatif, comme dans le sénat, deux parties qui contractaient avec l'étranger : la noblesse et la bourgeoisie, grands propriétaires et grands industriels enrichis par le consulat et par l'empire.

La noblesse n'avait jamais ardemment désiré qu'une chose, le retour du roi. Quant à la grande industrie et à la grande propriété qui devaient tout à l'Empereur, elles ne voulaient pas compromettre leur fortune dans la cause de l'empire et dans les désastres de la patrie.

Les trois parties ont contracté ensemble, et dans cet acte, chose singulière, l'étranger seul fut de bonne foi.

La noblesse contractait avec le dessein prémédité de faire remonter la monarchie jusqu'avant 89. C'est à cette œuvre qu'elle a brisé Charles X.

La bourgeoisie contractait avec la pensée secrète de déchirer le contrat, et d'établir une monarchie qui tînt le milieu entre le tempérament de la restauration et celui du directoire; c'est à cette œuvre qu'elle a attelé Louis-Philippe.

Soyez-en bien sûrs, la royauté bourgeoise était déjà en 1814 dans le salon de l'empereur Alexandre. Elle a mis sa griffe quelque part sur les traités de cette époque déplorable.

Votre origine est contemporaine de la charte octroyée, comme votre droit y est écrit, ou pour mieux dire cette charte est le premier né de l'union monstrueuse de la noblesse et de la bourgeoisie françaises avec l'étranger vainqueur.

Cela vous explique avec quelle hauteur M. Guizot,

3

le premier ministre de Louis-Philippe, relevait le crime que lui faisait l'opposition parlementaire d'être allé à Gand. Gand était dans la tradition de 1830, et M. Guizot avait le droit d'être fier.

La monarchie de 1814 et celle de 1830 sont donc nées toutes deux du même œuf. Elles ont marché quinze ans côte à côte dans l'histoire, se tiraillant chaque jour. En juillet, la cadette a sauté au cou de sa sœur d'adoption forcée; après l'avoir étranglée, elle lui a volé son manteau, la charte, que les légitimistes ne respectaient pas et n'aimaient pas, que les philippistes assuraient chérir, mais qu'ils ne respectaient pas plus.

Le duc d'Orléans a peut-être contracté, le 9 août 1830, avec la bourgeoisie; mais avec la nation, jamais!

A quel jour de la Révolution de 1830 le lieutenant-général du royaume a-t-il dit à ses 219 contractants, ou ceux-ci ont-ils dit au futur roi :

« Attendez un peu que nous consultions la France.»

Non, vous dis-je, le contrat était tout prêt. Il avait été taillé chez l'empereur Alexandre et recousu par Louis XVIII. Vous avez tout bonnement revêtu cette livrée, vous l'avez un peu retouchée où elle vous gênait, puis vous avez changé le galon qui était blanc contre un ruban tricolore.

Et vous voudriez aujourd'hui nous faire prendre

cela pour un habit neuf; et vous nous accusez de man-
quer de la plus petite dose de bon sens politique, si
nous ne vous croyons pas sur parole.

Quelquefois, dans vos jours d'humilité, quand il vous
plaît de convenir que le consentement de la nation
n'a pas été très-clairement exprimé en 1830, vous dé-
clarez avoir une autre mère qui a contracté avec le
peuple : la royauté de 1791.

Cela n'est pas plus exact. Vous ne procédez pas plus
de 1791 que du consentement national.

Ce n'est pas le roi, ce n'est pas la dynastie qui donne
son caractère et sa tradition à la monarchie; ce sont
les lois constituantes qui impriment ce caractère.
Louis XVIII est le roi traditionnel ; mais la Charte de
1814 n'est pas la monarchie traditionnelle.

Louis-Philippe n'est pas le roi traditionnel, mais la
Charte de 1830 n'est autre que la Charte de 1814.

Vous n'avez pas eu d'autre constitution.

Votre dynastie procède du contrat passé en présence
de l'étranger, contrat qui a flétri le principe de la souveraineté nationale, qui a remplacé le gouvernement
de tous par le gouvernement de quelques-uns.

Vous êtes, comme vos aînés, le fait ayant terrassé le
droit.

Aujourd'hui le droit s'est relevé.

Le peuple, que vous prétendez avoir consulté, a remis ses pouvoirs au Prince-Président, qui vous dit implicitement par le décret du 22 janvier

« Ou vous procédez de 1814 et vous êtes soumis à la dévolution,

» Ou vous procédez de 1791 et vous êtes encore soumis à la dévolution. »

Cela paraîtra logique à l'histoire et au peuple français ; mais nous avons vu quelque part, dans les brochures publiées par les conseils de la famille d'Orléans, l'opinion suivante :

» La dévolution n'a jamais été un principe consti-
» tuant des monarchies de 1791 et de 1814. Elle n'était
» applicable qu'à chaque règne et devait être décrétée
» pour chaque règne.

» Si on l'a appliquée à Louis XVI, c'est que Louis XVI
» était le dernier roi de la féodalité.

Si on l'a appliquée à Louis XVIII, c'est qu'il n'avait
» que des dettes.

» Si Charles X se l'est fait appliquer, c'est que cela
» lui convenait.»

Ah ! vraiment !

Si le droit de dévolution se trouve inscrit dans la constitution de 1791, c'est, sans aucun doute et sans aucun commentaire, parce que la nation, effectivement représentée par l'Assemblée constituante, avait décidé qu'il devait en être ainsi.

Si Louis XVI avait été considéré par elle comme le dernier roi féodal, il eût au contraire été concevable qu'on fît fléchir pour lui le droit de dévolution, car il était évident qu'il avait par ses ancêtres richement doté l'Etat.

Si Louis XVIII, si Charles X, si les chambres de leurs règnes ont conservé la dévolution, c'était par respect pour la tradition de leurs ancêtres et pour l'esprit des temps modernes que la charte invoquait dans son préambule.

Si Louis-Philippe a éludé la dévolution, si les Chambres de 1832 l'ont rayée du code de la royauté contractuelle, c'est au mépris de la tradition de la royauté octroyée, c'est au mépris de la tradition de la royauté constitutionnelle et *contractuelle* de 1791. Nous disons *contractuelle*, car cette fois, en effet, il y avait eu contrat avec la nation. Cette fois la nation avait décidé, de concert avec le roi, que la dévolution était principe constituant de la royauté.

Vous avez la prétention de n'être aucun de ces deux gouvernements; mais alors à quelle signe voulez-vous que la France vous reconnaisse ?

Elle serait forcée de vous nommer L'USURPATION, car il lui serait impossible de vous donner un autre titre.

Si vous êtes l'usurpation, dites-le; mais alors trouvez bon qu'après avoir usurpé la dynastie sur Charles X et

3.

le gouvernement sur la nation, qu'après avoir taillé votre code dans l'arbitraire, trouvez donc bon que la nation fasse rentrer cet arbitraire dans le droit, et qu'à vous, roi, elle applique le droit de la royauté.

Au point de vue de l'origine et du caractère de la royauté de juillet, les décrets du 22 janvier 1852 sont donc conformes à la stricte justice; ils annulent, par un acte politique législatif, les conséquences d'un acte politique législatif, arbitrairement décrété contre un des principes constituants de la royauté française.

V.

Ici se termine la question de droit politique en ce qui touche les décrets du 22 janvier 1852.

Il y aurait bien à examiner encore le caractère et la valeur de la donation du 7 août 1830.

Mais quand on considère que Louis-Philippe, lieutenant-général du royaume, investi par le roi et par la révolution du pouvoir exécutif, sollicité de prendre le trône, était roi de fait le 7 août et qu'il allait l'être de droit le 9 du même mois; quand on pense qu'au milieu des préoccupations les plus vives de la politique, du désordre qui succède toujours à un changement de dynastie et dont la responsabilité lui incombait devant l'histoire, le lieutenant-général du royaume met une précipitation fébrile à faire un pareil acte ; il devient bien puéril d'en discuter le caractère.

Il est évident que la donation du 7 août n'a eu qu'un objet, éluder la dévolution si elle venait à être maintenue par les chambres de l'avenir.

La dévolution admise de droit, comme tradition constitutionnelle de la royauté, la donation du 7 août ne résiste pas au plus léger examen.

VI.

Nous avons lu avec une scrupuleuse attention tous les mémoires et toutes les brochures publiés par les conseils des princes d'Orléans, nous avons suivi avec patience cette discussion spécieuse dont l'incessant effort est de confondre le droit politique et le droit commun, le roi et le particulier, le lieutenant-général du royaume et le citoyen, les lois politiques et les lois civiles, dans l'unique but d'arriver à l'arrêt de compétence.

Notre conviction est demeurée entière ; elle s'est même raffermie d'heure en heure, de ligne en ligne.

Oui, les décrets du 22 janvier 1852 sont conformes au droit, et rendus dans la limite des attributions des pouvoirs confiés par la nation au Président de la République.

Oui, les circonstances politiques commandaient impérieusement au Prince Louis-Napoléon, responsable devant l'histoire, devant la France, devant lui-même, de lancer ces deux décrets.

Sans aucun doute, les conseils et les défenseurs de la famille d'Orléans ne se sont jamais fait illusion sur la suite du conflit qui s'élève devant le conseil d'Etat; mais il restera aux factions l'arrêt de compétence du tribunal de la Seine.

La malveillance dira :

« Le conseil d'Etat est à la dévotion du Président de la République. »

Mais le Prince Président n'en pourra pas moins, fort de son droit et des intérêts de la nation, répéter cette phrase du testament de son oncle :

« . . . . . . Je l'ai fait parce que cela était nécessaire à la sûreté, à l'intérêt et à l'honneur du peuple français..... »

Il pourra ajouter :

« Je l'ai fait sans blesser la justice, sans excéder mes pouvoirs ! » —

L'histoire et le peuple français lui répondront comme sa conscience :

« Vous avez été un juge sévère, mais impartial, comme il convenait à l'intérêt et à l'honneur de la nation. »

IMPRIMERIE CENTRALE DE NAPOLÉON CHAIX ET Cᵉ, RUE BERGÈRE, 20.

IMPRIMERIE CENTRALE DE NAPOLÉON CHAIX ET Cᵉ, RUE BERGÈRE, 20.

www.ingramcontent.com/pod-product-compliance
Lightning Source LLC
Chambersburg PA
CBHW070745210326
41520CB00016B/4579